EXAMEN

DU DIVORCE.

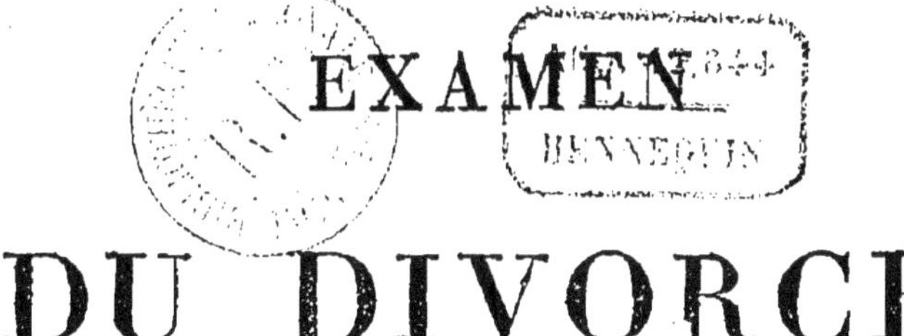

EXAMEN DU DIVORCE;

PAR M. LE COMTE DE MALEVILLE,

PAIR DE FRANCE.

A PARIS,

CHEZ CERIOUX JEUNE, Libraire, rue de Tournon, n° 4;
DELAUNAY, Libraire, au Palais Royal, Galeries de bois;
PELICIER, Libraire, au Palais Royal.

1816.

DE L'IMPRIMERIE DE MADAME VEUVE JEUNEHOMME,
rue Hautefeuille, n° 20.

AVANT-PROPOS.

Le divorce, proscrit en France depuis tant de siècles, fut renouvelé des Grecs et des Romains par la fameuse loi du 20 septembre 1792; elle le permit pour neuf causes distinctes; savoir :

L'incompatibilité d'humeurs,
Le consentement mutuel,
La démence,
L'absence de cinq ans sans nouvelles,
L'émigration,
Les sévices, attentats ou mauvais traitemens,
La diffamation publique,
L'abandon de l'un des époux par l'autre,
L'adultère.

Cette loi fit tant de mal, elle produisit une telle dissolution de mœurs, que lorsque par arrêté des consuls, du 24 thermidor an 8 (15 août 1800), MM. Tronchet, Portalis, Bigot de Préameneu et moi nous fûmes chargés de rédiger un projet de code civil, nous étions unanimement d'avis de supprimer toutes ces invitations au scandale, et de n'admettre que l'adultère pour cause légitime du divorce; mais, forcés en quelque manière par l'opinion du temps, laquelle, à cette époque, n'était pas encore bien épurée, et craignant qu'une telle suppression ne fît rejeter en entier notre projet dans cette partie, nous crûmes devoir y joindre : les mauvais traitemens, la diffamation publique, et l'abandon de l'un des époux par l'autre.

Ce projet fut en général bien reçu. La funeste expérience que, depuis dix ans, on faisait du divorce, avait dégoûté les gens sages de cette découverte, et ils avaient applaudi surtout à l'exclusion que nous avions donnée aux motifs pris du consentement mutuel et de l'incompatibilité d'humeurs; cependant les commissaires d'une cour, que je n'ai pas intérêt de décrier, vinrent renouveler la querelle, et remirent en question ce qui semblait irrévocablement décidé par l'opinion publique (1).

---

(1) Lorsque nous eûmes fini le projet du Code civil, il fut envoyé à la Cour de cassatiou et à toutes les Cours d'appel, pour l'examiner et y faire leurs observations. La

Comme l'avis de ces commissaires pouvait faire une grande impression, soit par la considération personnelle qu'ils méritaient, soit par les développemens qu'ils donnèrent à leurs motifs, je crus devoir leur répondre par une brochure intitulée : *Du Divorce et de la Séparation de corps*, imprimée chez Goujon fils, en septembre 1801, et dans laquelle, après avoir décrit tout le mal que le divorce avait déjà fait parmi nous, et me conformant à l'avis personnel des rédacteurs du code, je rejetais tout autre motif que celui de l'adultère.

Napoléon, alors premier consul, lut ce petit ouvrage et en fit l'éloge sur beaucoup de points; mais il ne put goûter cette restriction du divorce au seul cas de l'adultère; il prétendit qu'autant vaudrait l'abolir absolument, et que jamais l'idée de l'honneur, ce mobile éternel des Français, ne permettrait à des gens bien nés d'aller devant les tribunaux proclamer la turpitude de leurs

---

première nomma cinq commissaires, dont trois seulement opinèrent pour les deux moyens de divorce que je viens d'exprimer; mais la grande majorité de la Cour de cassation était bien fortement d'avis contraire.

épouses; qu'ils aimeraient mieux y renoncer et souffrir encore leurs écarts; qu'il fallait donc nécessairement laisser subsister les causes prises de l'incompatibilité d'humeurs et du consentement mutuel, sous le voile desquelles on couvrirait le véritable moyen pris de l'adultère, sans être obligé de le révéler au public.

Il entra en discussion avec moi sur cet objet, peu de temps après la publication de ma brochure, devant trente personnes au moins, dont plusieurs peuvent s'en rappeler. Je me défendis le mieux que je pus, sans manquer aux égards que je lui devais; je lui représentai que le prétexte de l'honneur n'empêchait pas, avant la revolution, des personnes qualifiées de demander, pour cause d'adultère, la séparation de corps, qui alors était seule permise; qu'il ne fallait pas accoutumer les citoyens à tromper les magistrats et la justice par des procès simulés, et qu'il y aurait d'ailleurs les plus graves inconvéniens à autoriser le divorce pour les causes banales d'incompatibilité d'humeurs et de consentement mutuel, dans le seul objet de ménager la délicatesse de quelques époux; que ce serait consacrer tous les abus dont on avait déjà si fort à se plaindre, et que le remède proposé serait cent fois pire que le mal qu'on voudrait prévenir.

La dispute durait déjà depuis près d'une heure, lorsque m'apercevant à la fin qu'il commençait à prendre feu, je me glissai derrière la compagnie, et je me retirai. Sa première épouse, Joséphine, si intéressée à cette discussion, y était présente, et ne dit jamais un mot; mais soit qu'elle ne prévît pas alors le sort qui l'attendait, soit par tout autre motif, il ne me parut pas qu'elle me sut beaucoup de gré de mon insistance, et je croirais plutôt qu'elle trouvait étrange que j'osasse défendre si long-temps une opinion contraire à celle de son mari.

Ma brochure fut accueilli favorablement en Angleterre, et voici le compte qu'en rendent, à peu près en mêmes termes, *le Courrier* et le *Morning Chronicle* du 8 décembre 1801 :

« M. Windham, quand il dit que les mariages » en France étaient aussi libres que le loyer d'un » hôtel garni, n'était que trop fondé dans son

» assertion. M. Maleville, l'un de ceux qui ont
» rédigé le Code civil, vient de publier une
» excellente brochure qui justifie les auteurs du
» projet pour avoir enchaîné la faculté de di-
» vorcer.

» L'extrait suivant de cette brochure doit,
» comme nous pensons, convaincre tous les
» hommes impartiaux des conséquences horri-
» bles d'un relâchement dans la prohibition du
» divorce; il doit les convaincre du scandale
» impardonnable et sans exemple qu'il y aurait
» à faire servir la loi elle-même à propager les
» vices du genre humain.

» La fureur du divorce. Voyez ce passage de
» la brochure, pag. 7. »

Le journaliste conclut en disant : « Ceci est le
» portrait des mœurs de Paris. Après un pareil
» exemple, il n'y a personne, excepté les plus
» méchans ou les plus faibles des hommes, qui
» veuille soutenir un système de législation qui
» autorise de pareils excès. »

On n'oubliera pas que c'est contre la loi du
20 septembre 1792 que ma brochure était prin-

cipalement dirigée; que c'était du déréglement de mœurs que cette loi avait produit que je m'étais surtout plaint, et que le Code civil, qui a beaucoup restreint la faculté de divorcer, n'existait alors qu'en projet.

La loi sur le divorce, qui fait partie de ce code, ne fut publiée que le 10 germinal an 11; elle réduisit les causes du divorce à quatre, l'adultère, les excès ou injures graves, la condamnation de l'un des époux à une peine infamante, et le consentement mutuel, sous des conditions dont nous parlerons plus bas, et qui en ont bien modéré l'usage.

La question est maintenant de savoir s'il ne faut pas le restreindre encore davantage, ou même le supprimer tout à fait, et rendre, comme autrefois, le mariage absolument indissoluble.

Les journaux ayant annoncé, il y a quelques jours, la proposition faite à ce sujet par M. de Bonald à la Chambre des Députés, je crus qu'il serait peut-être utile de réimprimer mon ouvrage, qu'il pourrait servir de canevas, et présenter quelques matériaux à des orateurs qui, dans la presse et le tumulte des affaires, n'ont pas le temps de recourir toujours aux sources. J'allais en conséquence le faire porter à l'imprimeur, après y avoir fait les changemens que le Code civil avait nécessités, pour le mettre au courant des circonstances actuelles, lorsque les développemens donnés par M. de Bonald à sa proposition, le 26 décembre dernier, me sont parvenus : j'ai hésité alors sur mon projet. J'ai vu que ce grand maître avait dit, et dans un style bien différent du mien, beaucoup de choses qu'on retrouvera dans mon ouvrage; qu'il m'avait fait même l'honneur de me citer; mais j'ai vu aussi que nous n'étions pas entièrement du même avis; qu'on retrouverait dans ma brochure des détails et des développemens qu'il n'avait pu donner dans son discours, et qu'enfin il n'était pas défendu d'arriver au même but par des chemins différens.

Quoi qu'il en soit, voici mon ouvrage sans prétention et sans défiance : il est divisé en deux chapitres; dans le premier je parle des avantages et des inconvéniens du divorce en général; dans le deuxième je discute les causes particulières du divorce qui avaient été autorisées par la loi du 20 septembre 1792, et dont quelques unes ont été conservées par le Code civil.

EXAMEN DU DIVORCE.

CHAPITRE PREMIER.

DU DIVORCE EN GÉNÉRAL.

Il n'est pas de mauvaise loi qui ne présente quelque côté favorable ; mais le devoir du législateur est de les embrasser tous, et de ne se déterminer à statuer que lorsqu'il est convaincu, par la comparaison des avantages et des inconvéniens de sa nouvelle loi, que les premiers surpassent de beaucoup les autres.

Examinons donc sans prévention les avantages et les inconvéniens du divorce.

Le seul avantage réel qu'il ait exclusivement, c'est de mettre les époux divorcés en état de se remarier, et de donner de nouveaux enfans à l'État ; et c'est dans ce sens que M. de Montesquieu a dit que le divorce avait un grand avantage politique. Quant au scandale, aux querelles que la haine occasionne entre des époux mal assortis, et aux mauvais exemples qui en résultent pour les enfans, la séparation de corps peut y remédier ou les prévenir, tout comme le divorce.

Mais cet avantage, du côté de la population, est-il même

aussi grand qu'on pourrait le croire au premier coup d'œil ?

D'abord le divorce n'est guère pratiqué que par les gens corrompus ; et ce ne sont pas ces gens-là qui peuplent.

Ensuite, si les divorces sont rares, l'accroissement qui en résulte pour la population doit être aussi très peu considérable. S'ils sont communs et faciles, ils dégoûtent du mariage ; or, ce n'est que des mariages qu'on peut attendre la propagation de l'espèce humaine.

Supposons cependant que cet avantage, du côté de la population, est en effet considérable, et voyons maintenant s'il n'est pas plus que compensé par les inconvéniens du divorce.

1° Le divorce est très nuisible aux enfans ; mais c'est pour les enfans que le mariage a été institué: sans la nécessité de les élever, les hommes s'en seraient tenus à des unions passagères, et ils ne se seraient jamais assujettis aux incommodités qui résultent d'un choix unique et d'un lien éternel (1). C'est donc l'intérêt des enfans qu'il faut principalement consulter dans toutes les questions relatives au mariage : mais est-il besoin de dire combien il est dur de les priver de l'un des deux protecteurs que la nature leur avait donnés, et qui leur étaient également nécessaires, chacun dans leur espèce, et bien plus encore, de les exposer à voir remplacer les tendres soins d'une mère par la froideur et les dédains d'une marâtre.

Cet intérêt des enfans est tellement blessé par le di-

(1) Voyez la harangue du censeur Metellus Numidicus, dans Aulu-Gelle, *lib.* 1, *cap.* 6.

vorce, il est si cruel de les voir nécessairement abandonnés par l'un des auteurs de leurs jours, et partagés, comme à la fin d'un bail, on partage le troupeau d'une bergerie, que des écrivains très estimables ont soutenu que, tant qu'il y avait des enfans il ne peut pas y avoir de divorce; l'obligation de les élever et de les défendre étant en effet l'objet final du mariage, il ne semble pas au pouvoir des époux de la rejeter, et le mariage devrait subsister malgré eux, tant que l'obligation dure.

2° Le divorce diminue le respect dû au mariage, respect cependant qu'il importe si fort de consacrer par les lois et par les mœurs. Pour prétendre le contraire, il faudrait soutenir que la durée légale du mariage n'influe pas dans l'esprit du peuple sur les égards dus à ce lien; qu'un mariage pour un an, pour un mois, sera aussi respecté que celui qui ne doit avoir pour terme que la vie : absurdité trop manifeste pour avoir besoin d'une réfutation sérieuse.

3° Le divorce, loin d'augmenter les égards que les époux se doivent pour être heureux, les affaiblit et les dénature. Dans l'état du mariage indissoluble, la nécessité même oblige de se pardonner mutuellement ses erreurs et ses faiblesses; mais l'idée du divorce constitue les époux dans un état hostile : ils se mesurent sans se craindre, et, à la première querelle, la menace du divorce est dans la bouche ou dans les yeux.

4° Le divorce détruit de toutes manières les mœurs; il énerve l'autorité maritale qui devrait les conserver; il introduit dans le ménage une anarchie mère de tous les désordres (1); il expose les femmes à des sollicitations qui paraissent moins criminelles, quand elles peuvent avoir pour objet un nouveau mariage permis par les lois; il accoutume les époux à se considérer comme existans dans une union passagère, et laisse promener leurs regards sur tous les objets de séduction qui peuvent leur faire espérer plus de bonheur, comme s'ils étaient dans l'état de leur liberté primitive.

5° Le divorce est le plus souvent funeste aux époux même dont il favorise momentanément les passions; dans le cas d'une simple séparation de corps, un remords, une rencontre fortuite, peuvent ramener des époux que la violence de ces passions avait désunis; la réflexion apprécie à leur juste valeur des torts qu'elles avaient exagérés : la vue surtout d'un enfant commun peut les ramener à l'amour et à la concorde, et faire verser autour de lui les pleurs du repentir et ceux de la clémence; mais le divorce, accompagné de la faculté de se remarier, ne laisse plus de retour ni d'espoir; le spectacle des enfans communs devient un supplice, et bientôt la comparaison de l'objet perdu avec l'individu communément flétri, qui probablement a été la cause du divorce, fait le tourment du reste de la vie.

---

(1) Les dames romaines appelaient leur mari *Domine carissime*. Ce protocole se trouve dans la loi 57, *ff. de don. inter vir. et ux.;* et ce titre n'était pas équivalent à notre expression, maintenant insignifiante de *Monsieur;* il veut dire *maître et seigneur:* c'était ce même titre qu'on donnait aux empereurs : *Dominus noster*. Caligula, au rapport de Suétone, fut le premier qui osa le prendre.

Mais c'est pour les femmes surtout que le divorce est funeste ; il n'est qu'une passion vile, telle que la débauche ou l'avarice, qui ait pu engager un séducteur à les arracher des bras de leur époux légitime ; cette passion une fois satisfaite, ils ne voient plus en elles qu'un être dégradé, et ils joignent leur mépris à celui du public pour les abreuver chaque jour d'amertume.

Leur sort n'est pas moins triste lorsque c'est le mari qui a provoqué le divorce ; on leur suppose alors ou des torts graves, ou des défauts humilians : aussi, de tous les temps, chez les Grecs et chez les Romains, comme parmi les peuples qui ont adopté le divorce dans nos temps modernes, une femme divorcée a été un objet de dédain, s'il ne l'était de pitié.

Mais pour apprécier les avantages et les inconvéniens du divorce, est-il besoin d'en aller chercher ailleurs l'expérience ? A en croire ses défenseurs, il devait épurer les mœurs, rendre les mariages plus heureux et plus unis, et épargner au public et aux enfans le scandale, les querelles, les crimes même que des mariages mal assortis produisent, dit-on, si souvent, et dont on fait une peinture si capable d'inspirer la terreur (1).

D'abord nous avons assez de nos vices et de nos ridicules, sans charger encore notre tableau des traits hideux de crimes si rares dans nos mariages. Qu'on nous reproche notre inconstance, notre légèreté, la faiblesse, la lâcheté même des mœurs de nos grandes villes, nous ne méritons que trop ce reproche ; mais il est souverai-

---

(1) Observations des commissaires de la Cour de cassation.

nement injuste de représenter un si grand nombre, un *nombre incalculable de mariages* comme des scènes de divisions scandaleuses, de crimes et de violences. Où se commettent-ils donc ces crimes? S'ils étaient si communs, celui de la Brinvilliers serait-il encore cité parmi nous avec tant d'horreur?

Parlons donc de nos vices, et ne nous occupons pas de crimes et de violences presque inconnus en France; depuis que nous avons adopté le divorce, les mariages sont-ils plus respectés, plus unis qu'ils ne l'étaient autrefois? N'est-ce plus que les qualités louables qui y déterminent? L'intérêt et ce qu'on appelle les *convenances* n'y président-ils plus? les maris aiment-ils mieux leurs femmes, et les femmes sont-elles plus fidèles, plus soumises à leurs maris? Est-on enfin plus heureux dans le mariage qu'on ne l'était autrefois, et y eut-il moins de divorce depuis la loi du 20 septembre, qu'il n'y avait autrefois de séparations?

Comme la réponse à toutes ces questions ne serait pas favorable au divorce, et que d'après ses effets il faudrait se hâter de le bannir, on prévient cette conséquence en disant qu'il ne fallait pas le juger par les effets qu'il avait produits jusqu'alors; « qu'en général le plus grand abus des bonnes et des mauvaises lois éclate à l'époque de leur naissance; que les hommes, enchaînés jusque-là par des règles excessives ou déplacées, dépassent toutes les bornes, et que de là il arrive que le législateur, trompé par les cris indiscrets du public, révoque une bonne loi à l'instant même où les inconvéniens du changement étant passés, elle n'avait plus que du bien à faire. »

Je crois, avec les défenseurs du divorce, que cette faculté, donnée tout à coup à une nation corrompue, devait dans les commencens produire de grands abus, quand même le divorce aurait été bon en soi; mais s'il avait été bon en effet, ces abus auraient dû cesser après la première effervescence, et après que les divorces désirés, relativement aux mariages contractés dans l'ancien régime, auraient été prononcés.

Mais il n'en fut pas ainsi : la fureur du divorce ne discontinua pas pendant dix ans, et jusqu'à ce que le Code civil vint y mettre des entraves; il ne s'exerça pas seulement sur les mariages contractés depuis que la nation eut acquis cette triste faculté; c'est sur les unions formées depuis qu'il s'opéra avec la licence la plus effrénée; c'est sur les mariages même contractés sur un premier divorce; c'était quelquefois contre des mariages formés depuis huit jours qu'il était réclamé; et ce qui devait conduire aux plus sérieuses réflexions, le nombre des mariages, à Paris, ne fut, en l'an 8, que de 5306, et celui des divorces monta à 684; dans les onze derniers mois de l'an 9, le nombre des mariages fut de 3401, et celui des divorces de 659, en sorte que sur cinq mariages qui se faisaient dans la capitale, il y avait à parier qu'il y en aurait un de révoqué. Vit-on jamais rien de semblable parmi les nations qui ont adopté le divorce, depuis les temps où, dans Rome perdue, les femmes comptaient leurs années, non par les consulats, mais par le nombre de leurs maris?

Ces faits seuls dispensent de tout raisonnement et de tout autre exemple. Veut-on cependant s'éclairer encore par l'expérience d'un peuple dont les mœurs ne sont pas plus pures que les nôtres, et qu'on n'accusera pas d'être distrait sur les moyens d'amélioration dont sa position est susceptible? qu'on jette ses regards sur l'Angleterre.

Henri VIII, ce tyran aussi débauché que cruel, y introduisit le divorce, et le permit pour cinq causes : l'adultère, la désertion malicieuse, la trop longue absence, la haine irréconciliable et les mauvais traitemens. Hé bien, les Anglais, qui voudraient mettre la liberté partout, ont successivement aboli les quatre dernières causes, et le divorce n'est plus permis chez eux que pour l'adultère. Encore la prononciation du divorce, dans ce dernier cas même, n'appartient-elle pas aux tribunaux; la cour ecclésiastique prononce la séparation de corps; les cours de droit commun accordent des dommages-intérêts au mari de la femme adultère, contre le violateur du lit nuptial; mais c'est le parlement qui déclare le mariage dissous; en sorte que le divorce est l'objet d'une loi qui, dans le cas particulier, déroge à la loi générale. (*Voyez* Blachstone, tome II, liv. 1, chap. 7.)

Quoique les frais de pareilles procédures doivent être énormes, l'abondance de l'or et la corruption des mœurs rendaient les adultères et les divorces si fréquens, qu'en 1779 ils excitèrent la sollicitude du parlement; et il y eut des avis, notamment celui du duc de Richemond, pour abolir entièrement le divorce: on se contenta cependant d'y mettre de nouvelles entraves; on défendit à l'homme et à la femme adultères de se remarier avant un an; mais l'expérience a prouvé que ce remède ne remplissait pas son objet; et dernièrement encore on a vu les plaintes se renouveler à ce sujet dans le parlement.

Un philosophe profond et peu accessible aux motifs superstitieux, M. Hume, dans le 18e *de ses Essais*, est de l'avis du duc de Richemond; et après avoir balancé les raisons pour et contre, il proscrit absolument le divorce, et termine sa discussion par l'observation suivante :

« Ne rejetons pas au moins l'expérience. Du temps que le divorce était le plus en vogue chez les Romains, les mariages étaient rares au point qu'Auguste se vit obligé de forcer les hommes à se marier; circonstance dont on ne trouve point d'exemple en d'autres temps. Denis d'Halicarnasse donne de grands éloges à ces lois plus anciennes de Rome qui interdisaient le divorce; il régnait, dit-il, une harmonie admirable entre les époux, produite par l'union inséparable des intérêts; considérant la nécessité inévitable qui les liait, ils abandonnaient toutes les vues étrangères à cet établissement. »

Ces réflexions sont si simples et si bien à la portée de tout le monde, qu'elles ne peuvent manquer de produire leur effet sur quiconque n'a pas l'esprit fasciné par de grandes passions ou de grands intérêts : aussi, malgré toutes les innovations demandées par les cahiers des provinces au commencement de la révolution, n'y en avait-il pas un seul qui formât le vœu de l'introduction du divorce. Comment arriva-t-il donc que ce divorce, auquel personne ne songeait, ait été accueilli avec tant de chaleur dès que la proposition en fut faite? C'est parce qu'un esprit immodéré de liberté avait depuis saisi toutes les têtes; c'est parce que ceux qui voulaient renverser l'ordre établi, comptant peu sur les gens d'un âge mûr, dont l'objet est communément la conservation et le repos, durent songer à dégager de ses liens et à livrer à toute la fougue de ses passions la jeunesse, toujours avide de nouveautés, toujours ouverte à l'espérance. Ce sont les mêmes motifs qui firent saper la puissance paternelle et maritale, et admettre à un partage égal les enfans naturels avec les enfans légitimes. Eh! comment n'aurait-on pas autorisé le divorce, lorsqu'on invitait d'une manière aussi directe les citoyens à ne plus contracter de mariage?

Cet esprit licencieux se manifesta avec impudence dans le préambule de la loi du 20 septembre 1792. « Considérant, est-il dit, combien il importe de faire jouir les Français de la faculté du divorce, qui résulte de la liberté individuelle, dont un engagement indissoluble serait la perte, et que déjà plusieurs époux n'ont pas attendu que la loi eût réglé le mode de divorce pour jouir des avantages de la disposition constitutionnelle, suivant laquelle le mariage n'est qu'un contrat civil, l'Assemblée nationale décrète, etc. » Aussi vit-on, lors de la discussion qui précéda cette loi, un législateur monter à la tribune pour déclarer, en mêmes termes, qu'il prétendait prendre une femme comme il prenait une chambre dans un hôtel garni, pour un jour, s'il lui plaisait.

Mais ce qui acheva d'enlever à la pudeur tous ses voiles, et à la licence toute retenue, ce fut la persécution, la dérision, et enfin l'oubli de toute religion : cet objet est trop important pour que je n'y consacre pas quelques pages dans l'intérêt politique même qui nous occupe.

Depuis près d'un siècle, de prétendus philosophes avaient cherché à ridiculiser toutes les religions, à insinuer que tout culte était inutile, dangereux même, et qu'il suffisait au peuple de celui des lois. Un homme à grands talens, dont il a fait un abus plus grand encore, avait sonné le premier le tocsin, et depuis il ne s'est guère trouvé de misérable écrivailleur qui n'ait voulu donner à la religion son coup de pied.

Il n'est pas surprenant que ce système ait trouvé de nombreux partisans pendant l'anarchie sous laquelle nous avons vécu ; qu'on ait alors affecté de détruire toute religion, et de les flétrir indistinctement, sous le nom de *fanatisme ;* d'écarter même jusqu'au nom de Dieu pour y substituer des dénominations vagues, sous lesquelles on pouvait aussi bien entendre le dieu de Spinosa que celui de la Genèse, et que, contens de cette reconnaissance insignifiante, on l'ait laissé sans culte et sans autel. Dans ces temps malheureux, l'idée d'un Dieu rémunérateur était réservée pour la consolation de l'homme juste, et renfermée avec lui dans les cachots ; et celle d'un Dieu vengeur était trop effrayante pour les tyrans, pour qu'ils ne cherchassent pas à se persuader qu'il n'existait pas.

Mais que depuis la destruction de cet abominable régime, depuis la publication des lois qui garantissaient à chaque citoyen le libre exercice de son culte, depuis qu'on a reconnu la nécessité de faire descendre le peuple des échasses sur lesquelles on l'avait monté, et de le ramener sous le joug paisible des lois, qui peuvent seules faire son bonheur, on ait encore osé reproduire quelques têtes de cet odieux système, c'est ce dont on ne peut assez s'étonner.

Ce n'est pas à des pères de famille, à des magistrats instruits, qu'on a besoin de prouver combien sont utiles le dogme et le culte de la divinité ; ils savent que les législateurs des peuples les plus libres ont voulu qu'ils fussent aussi les plus religieux, parce que la crainte des peines, perdant son influence dans les actes secrets, il faut y suppléer par un sentiment intérieur, qui poursuive l'homme au moment même où la loi semble le perdre de vue.

Il est absurde de prétendre contenir le peuple dans les sentiers de la justice et de la vertu, sans lui donner une religion, ou avec une morale purement philosophique ; il lui faut quelque chose qui attache ses sens, qui les frappe d'admiration ou de terreur. « Législateurs, philosophes, beaux esprits, dit Jean Jacques, qu'avez-vous à mettre à la place du *Poulserro?* ».

Ce serait une étrange illusion que d'imaginer que la masse du peuple français pût jamais être plus éclairée que celui d'Athènes, avec lequel il a tant de rapports. A Athènes, l'instruction se trouvait partout, le lycée, le portique, le cynosarge, les jardins d'Académe, étaient remplis de professeurs de politique et de morale ; la place publique, où se traitaient immédiatement, par ce peuple dominateur, les plus grandes affaires de la Grèce et de l'Asie ; la place publique était elle-même le théâtre d'une instruction perpétuelle, et l'aiguillon le plus pressant d'en profiter. L'Attique d'ailleurs, sur cinq-cent mille habitans, ne comptait guère que vingt mille citoyens : tout le reste était composé de femmes et d'enfans, d'étrangers, et surtout d'esclaves; et l'on sent quelle supériorité ces citoyens devaient avoir généralement sur toutes les nations européennes modernes, chez lesquelles, depuis l'abolition de l'esclavage, la grande masse du peuple est attachée presque sans relâche à des occupations incompatibles avec les méditations spéculatives; et cependant, quel peuple fut jamais plus religieux que les Athéniens? Quel est celui qui porta plus loin l'observance scrupuleuse des cérémonies et des solennités du culte, ou la sévérité contre ses détracteurs et contre les partisans de toute doctrine impie ? L'histoire n'en a conservé que de trop fameux exemples.

Ce n'est pas la singularité des mystères d'une religion, ou la bizarrerie des pratiques de son culte, qui perdent les Etats ; mais bien l'absence de toute religion, ou ce qui est le même, dit *Cicéron*, la pratique d'une religion dont la morale est fausse, ou dont la divinité est indifférente aux actions des hommes.

Si quelqu'un de nos prétendus philosophes venait à découvrir tout à l'heure l'histoire de la religion d'un peuple qui ne commençait aucune grande entreprise, sans s'être assuré que certains poulets buvaient ou mangeaient de bonne grâce, ou si le foie d'une victime était rouge ou non ; qui se désistait des opérations les plus urgentes, et rompait les délibérations les plus capitales, si un homme en deuil entrait par hasard dans l'assemblée ; qui, pour se préserver de la famine ou de la peste, allait planter processionnellement un clou dans le temple d'un certain Dieu ; notre philosophe ne manquerait pas d'en conclure que ce peuple si superstitieux et si fanatique devait être sans esprit et sans connaissance dans l'art de gouverner les hommes, qu'il devait être livré à tous les vices des âmes lâches et timides, et n'avait pas manqué d'être bientôt la proie de quelque voisin moins scrupuleux que lui.

Hé bien, ce peuple est pourtant celui qui a conservé le plus long-temps la pureté des mœurs, la frugalité, la tempérance, et toutes les vertus privées ; ce peuple est celui qui a donné les plus grands exemples des vertus publiques ; ce peuple est celui qui a poussé à ses dernières limites l'art de gouverner les hommes; ce peuple est celui qui a mis toutes les nations à ses pieds, autant par la sagesse de ses lois que par la force de ses armes; ce peuple enfin, c'est le peuple romain.

Un précurseur de nos philosophes discourait un jour chez Pyrrhus, devant Fabricius, de l'épicuréïsme qui, comme on sait, n'admettait que des dieux inertes et sans providence: plût à Dieu, dit Fabricius, que tous les ennemis de Rome pussent prendre les principes d'une pareille secte!

Je crois qu'après tous ces grands exemples on peut convenir qu'il faut une religion; mais beaucoup de nos beaux esprits en aimeraient mieux une tout autre que la chrétienne, et surtout la catholique: « c'est, dit-on, la religion du despotisme; elle abat le courage, et détruit l'industrie: voyez la faiblesse de l'Espagne et du Portugal, les seuls Etats qui soient demeurés attachés à cette vieille idole. » Il est cependant bien facile de la venger de tous ces sarcasmes.

Posons d'abord en principe ce que personne jusqu'ici, hors les athées, ne s'est avisé de contester, c'est que toute religion dont la morale est bonne, et qui enseigne le dogme d'un dieu rémunérateur et vengeur, est, par cela seul, très utile, et mérite la protection du gouvernement.

Mais quelle est la religion qui réunit ces conditions à un degré aussi éminent que le christianisme? On est forcé de convenir que la morale de l'évangile est la plus parfaite, qui ait jamais été enseignée aux hommes; et on n'a pas besoin, pour s'en convaincre, de recourir à la profession de foi du vicaire savoyard; le dogme d'un dieu rémunérateur et vengeur s'y trouve à chaque page ; les sentimens de fraternité, si favorables aux Etats modérés, y sont répandus partout ; on montre sans cesse, à tous les hommes, une origine et une fin communes, qui doivent si bien les disposer à l'égalité dans le passage.

Qu'a-t-on après cela à critiquer dans quelque branche que ce soit du christianisme ? Ses mystères ? Mais sans entrer ici dans une apologie qui n'est pas de mon ressort, je le demande à tout homme, non pas chrétien, mais impartial : les mystères d'Isis, de Cérès et de la bonne déesse, avec lesquels les Grecs et les Romains ont conquis et éclairé le monde, valaient-ils donc mieux que ceux de J.-C. ?

Le catholicisme, dit-on, abat le courage. Mais n'est-ce donc que depuis qu'on a cherché à détruire la religion, que les Français sont devenus braves ? et les trente mille hommes avec lesquels Turenne dissipa cette effroyable armée d'Allemands qui devaient se partager la France, n'étaient-ils pas chrétiens ?

Les Espagnols de Ferdinand, d'Isabelle et de Charles-Quint, étaient-ils d'une religion différente de celle de leurs successeurs ? et ceux d'aujourd'hui même ont-ils manqué du courage, de la constance et de l'énergie, qui leur étaient nécessaires, pour résister aux armées les plus valeureuses de l'Europe ?

D'Albuquerque, Gama, et tous ces hommes audacieux que le Camoens a chantés, n'étaient-ils pas les plus fervens zélateurs de la religion romaine ?

Quant à l'industrie, elle est fille du besoin et de la liberté ; et la religion n'est incompatible avec aucun des deux.

Ainsi disparaissent tous les reproches qu'on adresse à la religion chrétienne ; et comme il en faut nécessairement une dans tout Etat ; qu'on ne peut en changer sans y causer des bouleversemens ; que le peuple français tient à celle-là , dans les provinces surtout, beaucoup plus qu'on n'imagine ; que les solennités et les fêtes du christianisme y sont un besoin, et la religion un sentiment profond qui ne s'éteint qu'avec la vie : il faut en conclure qu'il ne doit pas mettre les lois en opposition avec ce sentiment, qu'il faut le respecter, au contraire, et que, dans la matière que nous traitons particulièrement , il ne faut admettre le divorce que dans le cas où cette religion pourrait le permettre. C'est, en ne perdant pas de vue ce principe, que nous allons examiner successivement toutes les causes particulières de divorce, jusqu'ici invoquées.

CHAPITRE II.

DISCUSSION DES CAUSES PARTICULIÈRES DE DIVORCE.

Après l'examen que nous avons fait des avantages et des inconvéniens du divorce en général, il suffira d'exposer sur chacune de ces causes ce qui lui est particulier.

§ Ier.

Du Consentement mutuel.

Il serait sans doute très commode, lorsqu'on est las l'un de l'autre de se quitter avec la même légèreté qu'on s'est pris; mais l'intérêt public ne permet pas un tel vagabondage : l'objet même du mariage, qui est la conservation des enfans, y résiste; c'est lui qui l'a fait définir *consortium totius vitæ*, et c'est une extravagance que d'appliquer au mariage cette règle vulgaire pour les autres contrats, que chaque convention peut se détruire de la même manière qu'elle a été formée.

Dans les contrats ordinaires, où il ne s'agit que de l'intérêt de ceux qui les font, il est fort naturel qu'on puisse aussi les dissoudre à volonté; mais dans le mariage, ce n'est pas seulement avec un individu qu'on s'engage, c'est avec l'Etat que l'on contracte principalement; c'est pour l'intérêt des enfans, qui sont l'objet final de cette union, que l'on prend l'engagement d'une fidélité éternelle, et il est contre la nature des choses qu'on puisse violer cette promesse pour son seul intérêt, et lorsque de si grands intérêts s'y trouveraient compromis.

Le mariage, d'ailleurs, est l'asile des mœurs; c'est dans son sein seulement que la pudeur, d'accord avec la raison d'Etat, permet de se livrer aux douces impulsions de la nature; il importe donc souverainement de l'environner d'honneur et de respect. Mais que deviendrait le mariage, s'il pouvait être dissous à volonté par la légèreté et le caprice? Bientôt il ne différerait plus du simple concubinage, et l'on verrait renaître parmi nous cette dépravation de mœurs qu'Auguste voulut en vain réprimer par des lois, et qui amena par degrés la perte de la liberté et de l'Empire.

Ne pouvant obtenir la suppression absolue de cette cause de divorce dans le Code civil, nous l'avons entouré de conditions qui l'ont rendu beaucoup plus rare. Voyez le chapitre III *du divorce*. Il ne peut être prononcé si le mari n'a pas vingt-cinq ans et la femme vingt et un; il ne peut l'être avant deux ans de mariage, ni après vingt, et s'il n'est consenti par les ascendans vivans. Mais toutes ces difficultés laissent encore beaucoup trop de marge aux passions, dans le temps même de leur plus grande violence; les ascendans peuvent être morts, ou bien leur molle condescendance ne leur permettra pas de résister aux désirs de leurs enfans; enfin il me paraît impossible de passer par dessus la règle qui veut que ce qui a été stipulé pour un tiers, ne puisse être détruit sans son consentement.

§ II.

De l'incompatibilité d'humeurs.

Les mêmes raisons s'appliquent à ce motif. S'il dépend de l'un des époux de rompre le mariage, sur l'allégation seule de cette incompatibilité, quel est donc celui qui pourra compter sur un hymen durable, et combien de mariages l'inconstance ou l'imagination même, qui exagère la moindre contrariété, ne feront-elles pas dissoudre ?

On a cherché à rajeunir ce moyen discrédité de divorce, en observant que si on n'admettait la rupture du mariage que pour causes prouvées, on laisserait dans la peine beaucoup d'époux qui ont à souffrir, dans l'intérieur de leurs maisons, de procédés amers qu'on se garde bien de laisser éclater en public.

Mais il est facile de répondre que ces cas-là sont trop rares pour déterminer le législateur à violer, pour les prévenir, les règles les plus constantes de la justice. Parce que, sur cent mille individus, il se trouvera un monstre de cruauté et de perfidie qui se fera un jeu de tourmenter en secret une femme qu'il affectera de bien traiter en public, faut-il donc exposer tous les autres mariages à être dissous sans preuve, et sous le frivole prétexte d'incompatibilité d'humeurs ?

Les lois ne sont pas faites pour les cas extraordinaires,

mais pour ce qui arrive communément, et il serait surtout injuste d'en porter en faveur de quelques individus, lorsqu'elles tourneraient au détriment du plus grand nombre.

Et d'ailleurs, quand même ces monstres qu'on suppose seraient plus communs qu'ils ne le sont réellement, serait-il possible que leur conduite demeurât toujours secrète? N'arriverait-il jamais que des parens, des amis, des domestiques, survinssent inopinément, ou même à dessein et bien avertis, au milieu de ces querelles outrageantes qu'on veut faire succéder sans cesse aux égards observés en public? Serait-il possible enfin que ces mauvais traitemens demeurassent toujours sans preuve? Non, toutes ces suppositions sont sans vraisemblance; et quand elles se réaliseraient quelquefois, il faudrait dire avec *Puffendorff, Droit nat. et des gens, liv. 6, du Mariage :* lorsqu'une loi est avantageuse en général, on ne l'abolit pas pour quelques incommodités qui en résultent pour un petit nombre; on regarde ces inconvéniens comme un simple malheur.

§ III.

De la Démence, Folie ou Fureur.

On pourrait distinguer celles de ces maladies qui laissent des intervalles de bon sens d'avec celles qui n'en laissent point, et ensuite le cas où il y a des enfans du mariage d'avec celui où il n'en existe pas.

Lorsque la maladie laisse des intervalles lucides, il est bien clair qu'elle ne doit pas donner lieu au divorce; le mariage n'est pas seulement une communauté de plaisirs et de biens, il l'est aussi de malheurs et de peines. Eh! de qui donc un époux, tombé dans cet état affligeant, doit-il attendre du secours, plutôt que de celui qui a confondu son existence avec la sienne? *Quid enim tam humanum est,* dit la loi 22, ff., *solut. matrim.*, *quàm fortuitis casibus uxoris maritum, vel uxorem viri, participem esse*?

Mais si la maladie ne laisse pas d'intervalles lucides, et qu'il n'y ait pas d'enfans du mariage, doit-on alors permettre le divorce?

Pour l'autoriser, on peut dire que le mariage n'est pas seulement l'union des corps, qu'il l'est plus particulièrement des esprits et des cœurs; qu'il est donc rompu, lorsque l'un des époux a perdu l'esprit et ne conserve plus que l'existence matérielle; qu'il doit être alors assimilé à un mort, et qu'il n'est de la justice du législateur ni de l'intérêt de l'Etat d'obliger un être vivant à demeurer lié avec un mort.

J'hésite beaucoup, et je crois que le lecteur sans préjugés hésite avec moi; mais ces cas sont si rares..... la loi que je viens de citer est si belle...... il serait si cruel de s'être trompé sur la durée de la maladie, et si possible de le faire..... il serait si barbare d'abandonner une épouse, de l'état de laquelle on peut avoir été la cause, même innocente, que je me détermine enfin à rejeter encore cette cause de divorce.

§ IV.

De la condamnation à des peines afflictives ou infamantes.

Si l'un des époux est condamné à des peines perpétuelles et qui emportent la mort civile, le mariage est dissous de plein droit sous les rapports civils, qui sont les seuls que la loi considère, et le magistrat n'a plus rien à prononcer à cet égard; cette condamnation ne peut donc être mise au nombre des causes de divorce; il n'y en a pas à faire avec un mort.

Mais si la condamnation ne porte que des peines à temps, elle ne peut rompre le mariage, sous quelque aspect qu'on le considère.

Elle n'empêche pas le but du mariage.

L'époux innocent doit ses soins et ses consolations au malheureux condamné. Il n'a pas à craindre qu'on verse sur lui l'infamie de l'autre; au contraire, sa fidélité et sa constance à remplir ses engagemens, l'élèvent et l'honorent aux yeux des hommes vertueux. *Cujus laudandum est propositum*, dit la loi 1, Cod. de rep.

Enfin, il est contre la nature des choses qu'un engagement fait pour durer toute la vie soit rompu par des obstacles momentanés, et que celle qui s'est donnée pour toujours, cesse pour quelque temps d'être la femme de quelqu'un, lorsqu'elle doit le redevenir après.

§ V.

Des Crimes, Sévices et Injures graves de l'un des époux envers l'autre.

Tous les crimes qu'on pourrait absolument supposer entre époux seraient, l'empoisonnement de la part de la femme, et l'homicide de la part du mari; quand ces crimes n'auraient pas leur effet, ils n'en mériteraient pas moins, sur la poursuite du ministère public averti par la demande en divorce, la condamnation à mort naturelle ou civile, qui dissoudrait de plein droit le mariage. Mais d'ailleurs, faut-il s'occuper d'événemens si rares et si affreux? Il est des choses que le législateur ne doit pas prévoir.

Tous les autres délits qu'on voit arriver quelquefois entre époux, et qui se réduisent à quelque violence, ou à quelque grossière injure, ne doivent pas être un moyen de divorce, mais seulement de séparation de corps, pour laisser toujours une porte ouverte à la réconciliation. Eh! ignore-t-on la force de l'habitude, et surtout la magie de cette réflexion? C'est le père, c'est la mère de mes enfans.

Je sais bien qu'en feuilletant le code pénal, on trouverait peut-être des cas qui ne sont pas impossibles entre époux, comme un bras cassé, une jambe rompue, dont la peine n'emporte pas la mort civile; mais je demanderai à ceux qui en feraient l'objection, s'ils ont vu souvent arriver des cas de cette espèce; si, sur les milliers de divorces prononcés depuis la loi du 20 septembre 1792, il en est un seul qui l'ait été pour pareille cause: quant à moi, dans le cours de mes quinze lustres, j'ai été assez heureux pour n'en rencontrer jamais.

§ VI.

De l'Abandon de l'un des époux par l'autre.

Si ce motif de divorce était admis, il remplacerait parfaitement ceux que nous venons de rejeter sous le titre de consentement mutuel et d'incompatibilité d'humeurs. Des époux entraînés, en sens contraire, par de nouvelles passions, n'auraient qu'à se séparer pendant quelque temps, et garder le silence sur les invitations de réunion que l'un ferait à l'autre, ou même y répondre par un refus formel et concerté, et dès lors le juge ne pourrait s'empêcher de prononcer le divorce qui serait le but de cette comédie.

La jurisprudence ancienne avait suffisamment paré à cet inconvénient; les époux ne pouvaient pas se séparer de leur commun accord, encore moins par la volonté d'un seul; cette séparation ne pouvait être autorisée que par le magistrat, et pour des causes prouvées; et s'il en était autrement, le ministère public était chargé de s'interposer d'office pour les forcer à se réunir, et à faire cesser ce scandale donné aux mœurs.

Qu'est-ce qui empêche de prendre aujourd'hui la même voie? aujourd'hui surtout, que, la loi étant égale pour tous, les magistrats ne doivent pas connaître de considérations qui les empêchent de remplir sévèrement leur ministère, et d'obliger tous les citoyens à plier également sous le joug de cette loi sainte. Quelqu'un aurait-il l'audace de résister à la justice, et de s'obstiner à la séparation, sans lui en faire agréer les motifs, qu'il soit puni par des amendes successives d'une partie considérable de sa fortune, appliquées au profit de l'époux abandonné, et bientôt vous ne serez plus blessé par l'exemple funeste de ces séparations de convenance.

§ VII.

De l'Absence sans nouvelles.

L'absence de l'un des époux ne peut seule en principe autoriser le divorce; il ne pourrait, en effet, être prononcé que pour fautes graves de l'un envers l'autre ; mais quand un homme est absent sans qu'on sache de ses nouvelles, on ne peut pas décider s'il est innocent ou coupable, et, dans le doute, on doit plutôt présumer que son absence a des motifs légitimes.

Mais reste à savoir si le mariage n'est pas censé rompu après une longue absence, par la présomption de la mort de l'absent, et s'il ne doit pas être permis alors à l'époux demeuré sur lieux de se remarier.

Les Romains, qui faisaient peu de voyages de long cours dans l'objet du commerce, n'avaient statué que sur l'absence du mari soldat. A cet égard, la loi 6, *ff. de div. et rep.*, avait permis à la femme de se remarier cinq ans après la captivité du mari, sans autres nouvelles.

La loi 7, *Cod. de rep.*, permet le divorce et le convol à la femme du soldat, après quatre années seulement sans nouvelles.

Mais Justinien, par sa novelle 117, cap. 11, défend à la femme de se remarier, quelque longue que soit l'absence du mari, à moins qu'elle ne présente des nouvelles positives de sa mort.

M. de Montesquieu, livre 24, chap. 9, critique cette dernière loi; il dit que mal à propos Justinien a demandé une preuve positive, lorsqu'une preuve négative suffisait; qu'il a exigé une chose très difficile, celle de rendre compte d'un homme éloigné et exposé à tant d'accidens; qu'il présumait un crime, c'est-à-dire la désertion du mari, lorsqu'il était si naturel de présumer sa mort.

J'observe d'abord que Montesquieu, aux pieds duquel je suis habituellement prosterné, n'a raisonné ici que dans l'hypothèse de l'absence d'un militaire, et que c'est une règle générale que nous avons à établir.

Mais quant aux militaires mêmes, et à plus forte raison pour ceux qui voyagent dans l'objet de négocier ou de faire de nouvelles découvertes, notre commerce est maintenant si étendu, et nos expéditions si lointaines, que le terme de quatre ans suffit à peine quelquefois pour le retour sans accidens: et de combien de temps ces accidens ne peuvent-ils pas le retarder?

Il n'y a donc pas de raison suffisante pour fixer à l'absence, relativement au mariage, d'autre époque pour la présomption de mort, que celle qui est établie pour les cas ordinaires; et d'ailleurs, comme cette époque devrait toujours être bien reculée, de quelle utilité pourrait être pour l'Etat le mariage d'une femme communément hors d'âge de lui donner des enfans? Faut-il pour un intérêt aussi mince s'exposer au bouleversement que le retour inopiné de l'absent pourrait causer dans les familles? mettre la propriété d'une femme en contestation entre deux maris, et l'état des enfans en litige?

§ VIII.

De l'Emigration.

Les émigrés ayant été déclarés morts civilement par les lois révolutionnaires, il était tout simple que l'émigration devînt une cause légitime de divorce; mais on sent bien que ce cas extraordinaire, une fois arrivé, ne doit pas trouver place dans un code civil.

§ IX.

De l'Adultère.

Nous voici arrivés au point le plus difficile de la discussion. L'adultère attaque le mariage dans son essence; il choque le but de son institution, qui est de proscrire les unions passagères, pour assigner des protecteurs certains aux enfans; il remet en doute la question de la paternité, que toutes les lois ont voulu décider irrévocablement par le mariage; il viole le plus sacré des sermens; il ouvre la porte aux dissentions les plus funestes et les plus scandaleuses, et il devient quelquefois la cause de crimes encore plus grands.

Aussi les lois de toutes les nations et de toutes les religions, la catholique romaine exceptée, ont-elles reconnu l'adultère comme cause légitime de divorce.

Encore le concile de Trente, en statuant sur ce point

uniquement de discipline, et non de dogme, a-t-il usé d'une réserve très-remarquable ; il n'a point anathématisé ceux qui prétendaient que le divorce était permis pour cause d'adultère, mais seulement ceux qui soutiendraient que l'église romaine se trompe, lorsqu'elle enseigne que le mariage ne peut pas être dissous pour pareil motif: *Si quis dixerit ecclesiam errare cum docet propter adulterium, matrimonii vinculum non posse dissolvi..... adathema sit. Sess.* 24, CH. 7.

Je suis un jurisconsulte, et non pas un théologien, et ce n'est pas à moi à concilier le fameux verset 9 du ch. 19 de saint Mathieu, *quicumque dimiserit uxorem suam, nisi ob fornicationem, et aliam duxerit, mœchatur*, avec les autres textes qui ne parlent pas de cette exception, et ne portent que la règle générale; mais je dis que si l'intérêt de l'Etat, et sa constitution surtout, paraissent l'exiger, on peut, quelque religieux qu'on soit, traiter ce point de discipline, comme tant d'autres du même concile, que le gouvernement français n'a pas voulu admettre.

Je dis que l'art. 5 de notre charte constitutionnelle, portant, en termes formels, que chacun professe sa religion avec une égale liberté, et obtient, pour son culte, la même protection, on ne pourrait, sans blesser cette charte, publier une loi générale qui interdise le divorce pour cause d'adultère, et déclarât ainsi bâtards les enfans nés des seconds mariages que les dissidens pourraient contracter après le divorce.

M. de Bonald m'a paru être d'un avis différent dans les développemens de sa proposition ; mais j'y ai cherché vainement les preuves directes de son système ; j'y ai seulement trouvé que le rétablissement de la religion étant le besoin le plus pressant du peuple, ce motif doit l'emporter sur tout, et fermer les oreilles sur tout autre intérêt. Mais les dissidens lui répondront, que ce raisonnement n'est qu'une pétition de principe, qu'il suppose que la religion catholique est la seule bonne, et conforme aux intérêts de l'Etat, et que cependant la charte constitutionnelle a concurremment autorisé la leur.

Ils pourront alléguer, en leur faveur, sur la même matière, la modération et la justice du Grand Frédéric; la Prusse suit en général la confession d'Augsbourg, et les catholiques y sont bien en minorité; cependant, par égard pour eux, le code Frédéric a conservé la séparation de corps, et a voulu qu'elle eût tous les effets que la loi attribue au divorce pour les protestans. *Voyez* les art. 733, 734 et 735 de ce code.

Il y a cependant une distinction à faire à ce sujet. Si une religion contient des dogmes contraires à la loi naturelle et à la saine morale, point de doute que la loi civile ne puisse et ne doive les abolir, et que sa disposition ne soit à cet égard obligatoire pour les regnicoles qui suivent ce culte. C'est ainsi que j'ai observé, dans mon *Analyse de la discussion du Code civil*, tom. 1, pag. 165, que la polygamie était interdite à tous les Français, juifs ou mahométans; mais je ne crois nullement qu'on puisse mettre dans la même classe la prononciation du divorce pour cause d'adultère.

J'ai parlé ci-dessus des opinions émises au parlement d'Angleterre pour supprimer le divorce, même pour adultère, à cause de l'abus énorme qu'on en fait; mais malgré la corruption des mœurs de nos grandes villes, je ne crois pas qu'elles pussent se familiariser avec ce qu'on peut justement appeler, à Londres, des conventions d'adultère entre le mari, la femme et un tiers.

Au reste, quoique dans le for intérieur, la faute du mari et celle de la femme soient d'une égale gravité, cependant l'énorme différence des suites en a fait aussi établir une très grande dans la manière dont les lois traitent ces adultères respectifs ; elles détournent leurs regards de celui du mari, lorsqu'il n'est pas un sujet de scandale pour la femme et pour la famille ; mais lorsque le mari porte le mépris jusqu'à introduire une autre femme dans la maison, *quod maximè castas exasperat*, dit la loi 2, cod. de repud., pour lors il dissout lui-même le lien du mariage, et le divorce doit être accordé à la femme, comme il l'est au mari, dans le cas du simple adultère.

Je pense donc qu'avec la modification que je viens d'expliquer, il serait possible de faire cette exception unique à la règle de l'indissolubilité ; mais je le pense à regret, avec une grande défiance de mes lumières, et avec le désir qu'on me donne de bonnes raisons, pour m'en dissuader ; et même pour rendre le divorce, en pareil cas, plus rare, je voudrais qu'il fût défendu à l'adultère convaincu de se remarier, en quelque temps que ce fût, avec son complice.

~~~~~~~~

Si les réflexions contenues dans ce petit ouvrage pouvaient retenir sur le bord du précipice quelques unes de ces infortunées que la violence des passions est prête à y jeter..... si je pouvais ramener autour du berceau de
~~~~~~~~

leur enfant des époux aliénés, et que leurs regards, bientôt adoucis par le souris de l'innocence, venant à se rencontrer dans ce moment favorable à la tendresse, ils pussent tomber dans les bras l'un de l'autre, jurer de s'aimer encore et d'oublier leurs torts........ si j'avais pu donner quelque raison nouvelle aux femmes pour ne chercher leur bonheur que dans l'attachement de leurs époux, aux maris pour regarder avec attendrissement cet être délicat et sensible confié par la loi à leur défense, et réservé par la nature à leurs plaisirs....... si j'avais pu indiquer quelques motifs de plus aux législateurs pour ne pas cesser d'environner de respect ce contrat auguste et solennel sur lequel la société repose...... je croirais n'avoir pas été inutile à ma patrie, et je trouverais ma récompense dans mon cœur.

FIN.

www.ingramcontent.com/pod-product-compliance
Lightning Source LLC
LaVergne TN
LVHW020250230826
846091LV00006B/2343

* 9 7 8 2 0 1 1 7 5 1 6 2 1 *